Soufflés faciles

Thomas Feller

·

Photographies : Guillaume Czerw

Stylisme : Emmanuel Renault

hachette
PRATIQUE

Sommaire

7 .... Les soufflés aux fromages
8 .... Le soufflé salé de base
10 .... Soufflé à l'appenzell et aux noisettes
12 .... Soufflé au roquefort
14 .... Soufflé au comté
16 .... Soufflé au beaufort
18 .... Soufflé au cantal
20 .... Soufflé au fromage de chèvre
22 .... Soufflé au parmesan

25 .... Les soufflés carnivores
26 .... Soufflé nîmois
28 .... Soufflé au foie gras
30 .... Soufflé aux crevettes
32 .... Soufflé au saumon fumé et à l'aneth
34 .... Soufflé au tarama

37 .... Les soufflés végétariens
38 .... Soufflé aux aubergines
40 .... Soufflé aux courgettes et à la menthe
42 .... Soufflé aux brocolis et cottage cheese
44 .... Soufflé aux pommes de terre
46 .... Soufflé au potimarron et au comté
48 .... Soufflé aux carottes et au curry
50 .... Soufflé aux champignons

53 .... Les soufflés sucrés et glacés
54 .... Le soufflé sucré de base
56 .... Soufflé au caramel
58 .... Soufflé glacé au café
60 .... Soufflé au Nutella®
62 .... Soufflé glacé au chocolat et au gingembre
64 .... Soufflé à la vanille
66 .... Soufflé glacé au chocolat passionné
68 .... Soufflé glacé aux abricots
70 .... Soufflé aux épices
72 .... Soufflé aux macarons
74 .... Soufflé au chocolat et glace vanille
76 .... Soufflé glacé à la fraise
78 .... Soufflé glacé aux marrons confits
80 .... Soufflé au fruit de la Passion, sauce chocolat au lait
82 .... Soufflé glacé au chocolat
84 .... Soufflé au Grand Marnier
86 .... Soufflé glacé au citron
88 .... Soufflé noix de coco
90 .... Soufflé glacé au fromage blanc
92 .... Soufflé au citron vert et au rhum

Les soufflés aux fromages

Le soufflé salé de base

pour 4 personnes I préparation : **20 minutes** I cuisson : **30 minutes**
facile I peu cher

- **5 œufs**
- **25 cl de lait frais entier**
- **30 g de beurre + 15 g pour les moules**
- **30 g de farine + 15 g pour les moules**
- **Sel, poivre, noix muscade fraîchement râpée**

Matériel :
- **Four multifonction everLine® Siemens avec mode de cuisson « air pulsé 3D Plus »**

1 Commencez par beurrer généreusement et de façon uniforme les moules à soufflé. N'oubliez pas de bien beurrer aussi le pourtour supérieur. Farinez ensuite l'intérieur des moules, puis retournez-les et tapotez le fond afin d'éliminer l'excédent de farine. Gardez ensuite les moules au réfrigérateur. Préchauffez le four à 190 °C (th. 6-7) en mode air pulsé 3D Plus (ou chaleur tournante si vous utilisez un autre four).

2 Dans une première casserole, faites fondre les 30 g de beurre. Ajoutez alors la farine, mélangez, puis laissez cuire quelques minutes afin de légèrement colorer la préparation de base que l'on appelle un roux. Laissez refroidir en dehors du feu. Cassez les œufs en séparant le blanc du jaune.

3 Dans une autre casserole, mettez le lait à bouillir. Versez-le alors sur le roux et mélangez vigoureusement à l'aide d'un petit fouet. Remettez le tout dans la casserole et portez à ébullition. Laissez cuire cette béchamel pendant 2 à 3 min sans cesser de remuer jusqu'à ce qu'elle ait bien épaissi. Coupez le feu et assaisonnez avec du sel, du poivre et de la muscade. Lorsque la béchamel a tiédi, ajoutez 2 jaunes d'œufs. Mélangez.

4 Ajoutez 1 pincée de sel aux blancs d'œufs et montez-les en neige très ferme. Ajoutez à la fin les jaunes d'œufs restants. Fouettez encore quelques secondes et cessez immédiatement. Prélevez un quart des blancs et mélangez-les avec la béchamel. Versez ensuite cette dernière dans les blancs et mélangez le tout délicatement à l'aide d'une spatule en bois. Versez l'appareil à soufflé dans les moules jusqu'à une hauteur d'environ 1 cm du bord. Lissez bien la surface et enfournez pour 20 min de cuisson. Les soufflés doivent, bien sûr, gonfler mais aussi dorer. Sortez-les immédiatement et servez aussitôt.

Conseil

N'ouvrez jamais la porte du four durant la cuisson. Les œufs retomberaient immédiatement sans possibilité de gonfler à nouveau. Sachez qu'un soufflé reste gonflé environ 5 à 10 min. Il n'est donc pas possible de le cuire à l'avance.

Soufflé à l'appenzell et aux noisettes

pour 4 personnes I préparation : **20 minutes** I cuisson : **30 minutes**
facile I raisonnable

- **5 œufs**
- **60 g d'appenzell**
- **25 cl de lait frais entier**
- **30 g de beurre + 15 g pour les moules**
- **30 g de farine + 15 g pour les moules**
- **25 g de poudre de noisettes**
- **Sel, poivre, noix muscade fraîchement râpée**

Matériel :
- **Four multifonction everLine® Siemens avec mode de cuisson « air pulsé 3D Plus »**

1 Préchauffez le four à 190 °C (th. 6-7) en mode air pulsé 3D Plus (ou chaleur tournante si vous utilisez un autre four). Beurrez et farinez les moules à soufflé. Retirez l'excédent de farine en tapotant les moules à l'envers et gardez au réfrigérateur. Râpez le fromage. Séparez les blancs des jaunes d'œufs.

2 Dans une casserole, faites fondre le beurre avec la farine et laissez cuire 1 à 2 min afin de faire légèrement dorer le roux. Laissez ce dernier refroidir en dehors du feu. Portez le lait à ébullition puis versez-le sur le roux froid. Remettez le tout à cuire et portez à ébullition pendant 2 à 3 min afin de bien faire épaissir la sauce. Coupez le feu, assaisonnez de sel, de poivre et de muscade. Ajoutez le fromage et la poudre de noisettes. Terminez en mettant 2 jaunes d'œufs.

3 À l'aide d'un batteur, montez les blancs en neige très ferme en y ajoutant dès le départ 1 pincée de sel. Terminez en ajoutant les jaunes d'œufs restants. Prélevez un quart de cette préparation et mélangez-la avec la béchamel. Mélangez ensuite délicatement béchamel et blanc d'œuf à l'aide d'une spatule.

4 Versez l'appareil à soufflé dans les moules jusqu'à une hauteur d'environ 1 cm du bord. Lissez bien la surface et enfournez pour 20 min de cuisson. Les soufflés doivent, bien sûr, gonfler mais aussi dorer. Sortez-les immédiatement et servez aussitôt.

Conseil

L'appenzell est un fromage des Alpes bernoises suisses. Si vous n'en trouvez pas, remplacez-le par ses cousins suisses du type gruyère, emmenthal ou fribourg.

Soufflé au roquefort

pour 4 personnes I préparation : **20 minutes** I cuisson : **30 minutes**
facile I raisonnable

- **5 œufs**
- **60 g de roquefort**
- **25 cl de lait frais entier**
- **30 g de beurre + 15 g pour les moules**
- **30 g de farine + 15 g pour les moules**
- **Sel, poivre, noix muscade fraîchement râpée**

1 Préchauffez le four à 190 °C (th. 6-7) Beurrez et farinez les moules à soufflé. Retirez l'excédent de farine en tapotant les moules à l'envers et gardez au réfrigérateur. Coupez le roquefort en petits dés. Séparez les blancs des jaunes d'œufs.

2 Dans une casserole, faites fondre le beurre avec la farine et laissez cuire 1 à 2 min afin de faire légèrement dorer le roux. Laissez ce dernier refroidir en dehors du feu. Portez le lait à ébullition, puis versez-le sur le roux froid. Remettez le tout à cuire et portez à ébullition pendant 2 à 3 min afin de bien faire épaissir la sauce. Coupez le feu, assaisonnez de sel, de poivre et de muscade. Ajoutez le roquefort. Terminez en mettant 2 jaunes d'œufs.

3 À l'aide d'un batteur, montez les blancs en neige très ferme en y ajoutant dès le départ 1 pincée de sel. Terminez en ajoutant les jaunes d'œufs restants. Prélevez un quart de cette préparation et mélangez-la avec la béchamel. Mélangez ensuite délicatement béchamel et blanc d'œuf à l'aide d'une spatule.

4 Versez l'appareil à soufflé dans les moules jusqu'à une hauteur d'environ 1 cm du bord. Lissez bien la surface et enfournez pour 20 min de cuisson. Les soufflés doivent, bien sûr, gonfler mais aussi dorer. Sortez-les immédiatement et servez aussitôt.

Variantes

Vous pouvez remplacer le roquefort par d'autres fromages bleus du type auvergne, gex, fourme d'Ambert, fourme de Montbrison, gorgonzola…

Idée d'accompagnement

Proposez en accompagnement une salade de mâche dans laquelle vous ajouterez des pignons de pin dorés à la poêle.

Soufflé au comté

pour 4 personnes I préparation : **20 minutes** I cuisson : **30 minutes**
facile I raisonnable

- **5 œufs**
- **60 g de comté (si possible affiné plus de 12 mois)**
- **25 cl de lait frais entier**
- **30 g de beurre + 15 g pour les moules**
- **30 g de farine + 15 g pour les moules**
- **Sel, poivre, noix muscade fraîchement râpée**

1 Préchauffez le four à 190 °C (th. 6-7). Beurrez et farinez les moules à soufflé. Retirez l'excédent de farine en tapotant les moules à l'envers et gardez au réfrigérateur. Râpez le comté. Séparez les blancs des jaunes d'œufs.

2 Dans une casserole, faites fondre le beurre avec la farine et laissez cuire 1 à 2 min afin de faire légèrement dorer le roux. Laissez ce dernier refroidir en dehors du feu. Portez le lait à ébullition, puis versez-le sur le roux froid. Remettez le tout à cuire et portez à ébullition pendant 2 à 3 min afin de bien faire épaissir la sauce. Coupez le feu, assaisonnez de sel, de poivre et de muscade. Ajoutez le comté. Terminez en mettant 2 jaunes d'œufs.

3 À l'aide d'un batteur, montez les blancs en neige très ferme en y ajoutant dès le départ 1 pincée de sel. Terminez en ajoutant les jaunes d'œufs restants. Prélevez un quart de cette préparation et mélangez-la avec la béchamel. Mélangez ensuite délicatement béchamel et blanc d'œuf à l'aide d'une spatule.

4 Versez l'appareil à soufflé dans les moules jusqu'à une hauteur d'environ 1 cm du bord. Lissez bien la surface et enfournez pour 20 min de cuisson. Les soufflés doivent, bien sûr, gonfler mais aussi dorer. Sortez-les immédiatement et servez aussitôt.

Conseil

N'hésitez surtout pas à choisir un bon fromage car c'est l'ingrédient principal de ce plat, et c'est grâce à lui que le soufflé soufflera vos invités.

Idée d'accompagnement

Servez donc ces soufflés avec une salade d'endive aux noix.

COMTÉ

Soufflé au beaufort

pour 4 personnes I préparation : **20 minutes** I cuisson : **30 minutes**
facile I raisonnable

- **5 œufs**
- **60 g de beaufort (si possible affiné plus de 12 mois)**
- **25 cl de lait frais entier**
- **30 g de beurre + 15 g pour les moules**
- **30 g de farine + 15 g pour les moules**
- **Sel, poivre, noix muscade fraîchement râpée**

Matériel :
- **Four multifonction everLine® Siemens avec mode de cuisson « air pulsé 3D Plus »**

1 Préchauffez le four à 190 °C (th. 6-7) en mode air pulsé 3D Plus (ou chaleur tournante si vous utilisez un autre four). Beurrez et farinez les moules à soufflé. Retirez l'excédent de farine en tapotant les moules à l'envers et gardez au réfrigérateur. Râpez le beaufort. Séparez les blancs des jaunes d'œufs.

2 Dans une casserole, faites fondre le beurre avec la farine et laissez cuire 1 à 2 min afin de faire légèrement dorer le roux. Laissez ce dernier refroidir en dehors du feu. Portez le lait à ébullition, puis versez-le sur le roux froid. Remettez le tout à cuire et portez à ébullition pendant 2 à 3 min afin de bien faire épaissir la sauce. Coupez le feu, assaisonnez de sel, de poivre et de muscade. Ajoutez le beaufort. Terminez en mettant 2 jaunes d'œufs.

3 À l'aide d'un batteur, montez les blancs en neige très ferme en y ajoutant dès le départ 1 pincée de sel. Terminez en ajoutant les jaunes d'œufs restants. Prélevez un quart de cette préparation et mélangez-la avec la béchamel. Mélangez ensuite délicatement béchamel et blanc d'œuf à l'aide d'une spatule.

4 Versez l'appareil à soufflé dans les moules jusqu'à une hauteur d'environ 1 cm du bord. Lissez bien la surface et enfournez pour 20 min de cuisson. Les soufflés doivent, bien sûr, gonfler mais aussi dorer. Sortez-les immédiatement et servez aussitôt.

Conseil

Il est probable que vous aurez du mal à trouver un beaufort affiné au moins 12 mois dans un supermarché. Allez donc chez un fromager et choisissez dans ce cas un beaufort d'alpage. La base essentielle de la cuisine est d'utiliser des bons produits.

Soufflé au cantal

pour 4 personnes I préparation : **20 minutes** I cuisson : **30 minutes**
facile I raisonnable

- **5 œufs**
- **60 g de cantal**
- **25 cl de lait frais entier**
- **30 g de beurre + 15 g pour les moules**
- **30 g de farine + 15 g pour les moules**
- **Sel, poivre, noix muscade fraîchement râpée**

1 Préchauffez le four à 190 °C (th. 6-7). Beurrez et farinez les moules à soufflé. Retirez l'excédent de farine en tapotant les moules à l'envers et gardez au réfrigérateur. Râpez le cantal. Séparez les blancs des jaunes d'œufs.

2 Dans une casserole, faites fondre le beurre avec la farine et laissez cuire 1 à 2 min afin de faire légèrement dorer le roux. Laissez ce dernier refroidir en dehors du feu. Portez le lait à ébullition, puis versez-le sur le roux froid. Remettez le tout à cuire et portez à ébullition pendant 2 à 3 min afin de bien faire épaissir la sauce. Coupez le feu, assaisonnez de sel, de poivre et de muscade. Ajoutez le cantal. Terminez en mettant 2 jaunes d'œufs.

3 À l'aide d'un batteur, montez les blancs en neige très ferme en y ajoutant dès le départ 1 pincée de sel. Terminez en ajoutant les jaunes d'œufs restants. Prélevez un quart de cette préparation et mélangez-la avec la béchamel. Mélangez ensuite délicatement béchamel et blanc d'œuf à l'aide d'une spatule.

4 Versez l'appareil à soufflé dans les moules jusqu'à une hauteur d'environ 1 cm du bord. Lissez bien la surface et enfournez pour 20 min de cuisson. Les soufflés doivent, bien sûr, gonfler mais aussi dorer. Sortez-les immédiatement et servez aussitôt.

Variantes

Vous pouvez, bien sûr, remplacer le cantal par du salers, du laguiole ou de la tomme de ces régions.

Idée d'accompagnement

Servez ces soufflés avec une salade dans laquelle vous ajouterez des rondelles de pommes de terre et des petits lardons.

Soufflé au fromage de chèvre

pour 4 personnes I préparation : **20 minutes** I cuisson : **30 minutes**
facile I raisonnable

- **5 œufs**
- **60 g de fromage de chèvre frais ou crémeux**
- **25 cl de lait frais entier**
- **30 g de beurre + 15 g pour les moules**
- **30 g de farine + 15 g pour les moules**
- **Sel, poivre, noix muscade fraîchement râpée**

1 Préchauffez le four à 190 °C (th. 6-7). Beurrez et farinez les moules à soufflé. Retirez l'excédent de farine en tapotant les moules à l'envers et gardez au réfrigérateur. Coupez le fromage de chèvre en petits dés. Séparez les blancs des jaunes d'œufs.

2 Dans une casserole, faites fondre le beurre avec la farine et laissez cuire 1 à 2 min afin de faire légèrement dorer le roux. Laissez ce dernier refroidir en dehors du feu. Portez le lait à ébullition, puis versez-le sur le roux froid. Remettez le tout à cuire et portez à ébullition pendant 2 à 3 min afin de bien faire épaissir la sauce. Coupez le feu, assaisonnez de sel, de poivre et de muscade. Ajoutez le chèvre. Terminez en mettant 2 jaunes d'œufs.

3 À l'aide d'un batteur, montez les blancs en neige très ferme en y ajoutant dès le départ 1 pincée de sel. Terminez en ajoutant les jaunes d'œufs restants. Prélevez un quart de cette préparation et mélangez-la avec la béchamel. Mélangez ensuite délicatement béchamel et blanc d'œuf à l'aide d'une spatule.

4 Versez l'appareil à soufflé dans les moules jusqu'à une hauteur d'environ 1 cm du bord. Lissez bien la surface et enfournez pour 20 min de cuisson. Les soufflés doivent, bien sûr, gonfler mais aussi dorer. Sortez-les immédiatement et servez aussitôt.

Conseil

Vous pouvez ajouter un peu de ciboulette hachée ou, si vous avez choisi un fromage frais, un peu de menthe hachée.

Idées d'accompagnement

Le fromage de chèvre se marie très bien avec des ratatouilles froides ou des salades croquantes du type rougette de Provence.

Soufflé au parmesan

pour 4 personnes I préparation : **20 minutes** I cuisson : **30 minutes**
facile I raisonnable

- **5 œufs**
- **50 g de parmesan (si possible affiné plus de 24 mois)**
- **25 cl de lait frais entier**
- **30 g de beurre + 15 g pour les moules**
- **30 g de farine + 15 g pour les moules**
- **Sel, poivre, noix muscade fraîchement râpée**

1 Préchauffez le four à 190 °C (th. 6-7). Beurrez et farinez les moules à soufflé. Retirez l'excédent de farine en tapotant les moules à l'envers et gardez au réfrigérateur. Râpez le parmesan. Séparez les blancs des jaunes d'œufs.

2 Dans une casserole, faites fondre le beurre avec la farine et laissez cuire 1 à 2 min afin de faire légèrement dorer le roux. Laissez ce dernier refroidir en dehors du feu. Portez le lait à ébullition, puis versez-le sur le roux froid. Remettez le tout à cuire et portez à ébullition pendant 2 à 3 min afin de bien faire épaissir la sauce. Coupez le feu, assaisonnez de sel, de poivre et de muscade. Ajoutez le parmesan. Terminez en mettant 2 jaunes d'œufs.

3 À l'aide d'un batteur, montez les blancs en neige très ferme en y ajoutant dès le départ 1 pincée de sel. Terminez en ajoutant les jaunes d'œufs restants. Prélevez un quart de cette préparation et mélangez-la avec la béchamel. Mélangez ensuite délicatement béchamel et blanc d'œuf à l'aide d'une spatule.

4 Versez l'appareil à soufflé dans les moules jusqu'à une hauteur d'environ 1 cm du bord. Lissez bien la surface et enfournez pour 20 min de cuisson. Les soufflés doivent, bien sûr, gonfler mais aussi dorer. Sortez-les immédiatement et servez aussitôt.

Variante

Vous pouvez remplacer le parmesan par du pecorino *ou du* grana padano.

Idées d'accompagnement

Impossible de servir ce soufflé sans la compagnie d'une salade de roquette. Assaisonnez-la avec une très bonne huile d'olive et un délicieux vinaigre balsamique.

Les soufflés carnivores

Soufflé nîmois

pour 4 personnes I préparation : **20 minutes** I cuisson : **30 minutes**
facile I raisonnable

- **5 œufs**
- **150 g de brandade de morue de Nîmes**
- **4 crevettes roses entières cuites**
- **25 cl de lait frais entier**
- **30 g de beurre + 15 g pour les moules**
- **30 g de farine + 15 g pour les moules**
- **Sel, poivre, noix muscade fraîchement râpée**

1 Préchauffez le four à 190 °C (th. 6-7). Beurrez et farinez les moules à soufflé. Retirez l'excédent de farine en tapotant les moules à l'envers et gardez au réfrigérateur. Séparez les blancs des jaunes d'œufs.

2 Dans une casserole, faites fondre le beurre avec la farine et laissez cuire 1 à 2 min afin de faire légèrement dorer le roux. Laissez ce dernier refroidir en dehors du feu. Portez le lait à ébullition, puis versez-le sur le roux froid. Remettez le tout à cuire et portez à ébullition pendant 2 à 3 min afin de bien faire épaissir la sauce. Coupez le feu, assaisonnez de sel, de poivre et de muscade. Ajoutez la brandade. Terminez en mettant 2 jaunes d'œufs.

3 À l'aide d'un batteur, montez les blancs en neige très ferme en y ajoutant dès le départ 1 pincée de sel. Terminez en ajoutant les jaunes d'œufs restants. Prélevez un quart de cette préparation et mélangez-la avec la béchamel. Mélangez ensuite délicatement béchamel et blanc d'œuf à l'aide d'une spatule.

4 Versez l'appareil à soufflé dans les moules jusqu'à une hauteur d'environ 1 cm du bord. Lissez bien la surface et enfournez pour 20 min de cuisson. Les soufflés doivent, bien sûr, gonfler mais aussi dorer. Sortez-les immédiatement, décorez avec les crevettes et servez aussitôt.

Conseil

La brandade froide et très épaisse est difficile à homogénéiser avec la béchamel ; c'est pourquoi il est conseillé de la sortir à l'avance ou de la faire chauffer au bain-marie avant de la mélanger à la béchamel.

Soufflé au foie gras

pour 4 personnes I préparation : **20 minutes** I cuisson : **30 minutes**
facile I cher

- **5 œufs**
- **150 g de foie gras mi-cuit**
- **25 cl de lait frais entier**
- **30 g de beurre + 15 g pour les moules**
- **30 g de farine + 15 g pour les moules**
- **Sel, poivre, noix muscade fraîchement râpée**

Matériel :

- **Four multifonction everLine® Siemens avec mode de cuisson « air pulsé 3D Plus »**

1 Préchauffez le four à 190 °C (th. 6-7) en mode air pulsé 3D Plus (ou chaleur tournante si vous utilisez un autre four). Beurrez et farinez les moules à soufflé. Retirez l'excédent de farine en tapotant les moules à l'envers et gardez au réfrigérateur. Coupez le foie gras en morceaux et passez-les au moulin à légumes muni d'une grille fine. Séparez les blancs des jaunes d'œufs.

2 Dans une casserole, faites fondre le beurre avec la farine et laissez cuire 1 à 2 min afin de faire légèrement dorer le roux. Laissez ce dernier refroidir en dehors du feu. Portez le lait à ébullition, puis versez-le sur le roux froid. Remettez le tout à cuire et portez à ébullition pendant 2 à 3 min afin de bien faire épaissir la sauce. Coupez le feu, assaisonnez de sel, de poivre et de muscade. Ajoutez le foie gras. Terminez en mettant 2 jaunes d'œufs.

3 À l'aide d'un batteur, montez les blancs en neige très ferme en y ajoutant dès le départ 1 pincée de sel. Terminez en ajoutant les jaunes d'œufs restants. Prélevez un quart de cette préparation et mélangez-la avec la béchamel. Mélangez ensuite délicatement béchamel et blanc d'œuf à l'aide d'une spatule.

4 Versez l'appareil à soufflé dans les moules jusqu'à une hauteur d'environ 1 cm du bord. Lissez bien la surface et enfournez pour 20 min de cuisson. Les soufflés doivent, bien sûr, gonfler mais aussi dorer. Sortez-les immédiatement et servez aussitôt.

Conseil

Vous pouvez aussi laisser le foie gras en petits morceaux. Quoi qu'il arrive, avant de le couper ou de le passer au moulin à légumes, retirez l'excédent de gras qui se trouve tout autour.

Soufflé aux crevettes

pour 4 personnes I préparation : **20 minutes** I cuisson : **30 minutes**
facile I raisonnable

- **5 œufs**
- **150 g de crevettes décortiquées**
- **25 cl de lait frais entier**
- **30 g de beurre + 15 g pour les moules**
- **30 g de farine + 15 g pour les moules**
- **2 pincées de piment d'Espelette**
- **Sel, poivre**

1 Préchauffez le four à 190 °C (th. 6-7). Beurrez et farinez les moules à soufflé. Retirez l'excédent de farine en tapotant les moules à l'envers et gardez au réfrigérateur. Séparez les blancs des jaunes d'œufs. Dans une poêle antiadhésive, faites griller les crevettes, puis assaisonnez-les en fin de cuisson de sel, de poivre et de piment d'Espelette. Coupez-les ensuite en petits morceaux.

2 Dans une casserole, faites fondre le beurre avec la farine et laissez cuire 1 à 2 min afin de faire légèrement dorer le roux. Laissez ce dernier refroidir en dehors du feu. Portez le lait à ébullition, puis versez-le sur le roux froid. Remettez le tout à cuire et portez à ébullition pendant 2 à 3 min afin de bien faire épaissir la sauce. Coupez le feu, assaisonnez de sel, de poivre et ajoutez les crevettes. Terminez en mettant 2 jaunes d'œufs.

3 À l'aide d'un batteur, montez les blancs en neige très ferme en y ajoutant dès le départ 1 pincée de sel. Terminez en ajoutant les jaunes d'œufs restants. Prélevez un quart de cette préparation et mélangez-la avec la béchamel. Mélangez ensuite délicatement béchamel et blanc d'œuf à l'aide d'une spatule.

4 Versez l'appareil à soufflé dans les moules jusqu'à une hauteur d'environ 1 cm du bord. Lissez bien la surface et enfournez pour 20 min de cuisson. Les soufflés doivent, bien sûr, gonfler mais aussi dorer. Sortez-les immédiatement et servez aussitôt.

Conseil

N'hésitez pas ajouter dans le soufflé de la coriandre fraîche hachée. Vous pouvez aussi relever d'une pointe de gingembre frais haché.

Soufflé au saumon fumé et à l'aneth

pour 4 personnes I préparation : **20 minutes** I cuisson : **30 minutes**
facile I raisonnable

- 5 œufs
- 100 g de saumon fumé sauvage salé à sec
- 25 cl de lait frais entier
- 30 g de beurre + 15 g pour les moules
- 30 g de farine + 15 g pour les moules
- 4 brins d'aneth
- Sel, poivre, noix muscade fraîchement râpée

1 Préchauffez le four à 190 °C (th. 6-7). Beurrez et farinez les moules à soufflé. Retirez l'excédent de farine en tapotant les moules à l'envers et gardez au réfrigérateur. Coupez le saumon en petits dés. Effeuillez et hachez l'aneth. Séparez les blancs des jaunes d'œufs.

2 Dans une casserole, faites fondre le beurre avec la farine et laissez cuire 1 à 2 min afin de faire légèrement dorer le roux. Laissez ce dernier refroidir en dehors du feu. Portez le lait à ébullition, puis versez-le sur le roux froid. Remettez le tout à cuire et portez à ébullition pendant 2 à 3 min afin de bien faire épaissir la sauce. Coupez le feu, assaisonnez de sel, de poivre et de muscade. Ajoutez l'aneth et le saumon fumé. Terminez en mettant 2 jaunes d'œufs.

3 À l'aide d'un batteur, montez les blancs en neige très ferme en y ajoutant dès le départ 1 pincée de sel. Terminez en ajoutant les jaunes d'œufs restants. Prélevez un quart de cette préparation et mélangez-la avec la béchamel. Mélangez ensuite délicatement béchamel et blanc d'œuf à l'aide d'une spatule.

4 Versez l'appareil à soufflé dans les moules jusqu'à une hauteur d'environ 1 cm du bord. Lissez bien la surface et enfournez. Laissez cuire pendant 20 min. Ils doivent, bien sûr, gonfler mais aussi dorer. Sortez-les immédiatement et servez aussitôt.

Idée d'accompagnement

Servez ces soufflés avec une salade de pommes de terre que vous assaisonnerez avec de l'huile végétale, du vinaigre cristal, de l'aneth haché, des baies roses, de la moutarde Savora et une pointe de sucre.

Soufflé au tarama

pour 4 personnes I préparation : **20 minutes** I cuisson : **30 minutes**
facile I raisonnable

- **5 œufs**
- **100 g de tarama bio (dans les épiceries bio)**
- **4 crevettes roses entières cuites**
- **25 cl de lait frais entier**
- **30 g de beurre + 15 g pour les moules**
- **30 g de farine + 15 g pour les moules**
- **Sel, poivre**

1 Préchauffez le four à 190 °C (th. 6-7). Beurrez et farinez les moules à soufflé. Retirez l'excédent de farine en tapotant les moules à l'envers et gardez au réfrigérateur. Séparez les blancs des jaunes d'œufs.

2 Dans une casserole, faites fondre le beurre avec la farine et laissez cuire 1 à 2 min afin de faire légèrement dorer le roux. Laissez ce dernier refroidir en dehors du feu. Portez le lait à ébullition, puis versez-le sur le roux froid. Remettez le tout à cuire et portez à ébullition pendant 2 à 3 min afin de bien faire épaissir la sauce. Coupez le feu, assaisonnez de sel et de poivre. Ajoutez le tarama. Terminez en mettant 2 jaunes d'œufs.

3 À l'aide d'un batteur, montez les blancs en neige très ferme en y ajoutant dès le départ 1 pincée de sel. Terminez en ajoutant les jaunes d'œufs restants. Prélevez un quart de cette préparation et mélangez-la avec la béchamel. Mélangez ensuite délicatement béchamel et blanc d'œuf à l'aide d'une spatule.

4 Versez l'appareil à soufflé dans les moules jusqu'à une hauteur d'environ 1 cm du bord. Lissez bien la surface et enfournez pour 20 min de cuisson. Les soufflés doivent, bien sûr, gonfler mais aussi dorer. Sortez-les immédiatement, décorez avec les crevettes et servez aussitôt.

Conseil

Le tarama bio (fait le plus souvent à partir d'œufs de mulet) a l'avantage d'être moins salé et plus goûteux que celui que l'on trouve dans les supermarchés. C'est un point important, car le tarama chaud a tendance à laisser ressortir le goût du sel, comme tous les produits fumés d'ailleurs.

Les soufflés végétariens

Soufflé aux aubergines

pour 4 personnes I préparation : **35 minutes** I cuisson : **2 h 20**
repos : **1 heure** I facile I raisonnable

- 4 aubergines
- 100 g de feta
- 3 œufs
- 20 cl de crème fraîche liquide entière
- 15 g de beurre
- 15 g de farine
- 1 cuil. à soupe de téhiné (crème de sésame que l'on trouve dans les épiceries orientales)
- Sel, poivre

1 Préchauffez le four à 190 °C (th. 6-7). Piquez les aubergines avec une fourchette. Lorsque le four est chaud, mettez les aubergines et laissez-les ainsi pendant 2 h. Puis laissez reposer pendant 1 h dans le four fermé.

2 Retirez le pédoncule puis coupez les aubergines en deux dans le sens de la longueur. Grattez l'intérieur à l'aide d'une cuillère pour en retirer le maximum de chair. Égouttez rapidement cette chair avant de la hacher avec le téhiné et la feta. Vérifiez l'assaisonnement.

3 Séparez les blancs des jaunes d'œufs. Dans un saladier, mélangez les jaunes avec la crème, ajoutez les aubergines et homogénéisez le tout. Vérifiez l'assaisonnement. À l'aide d'un batteur, montez les blancs en neige très ferme. Mélangez-les délicatement avec la purée d'aubergines.

4 Beurrez et farinez les moules à soufflé, puis versez-y la préparation avant d'enfourner pour 20 min de cuisson. Servez aussitôt.

Conseil

Vous pouvez accélérer cette recette en faisant cuire les aubergines à la poêle et à couvert avec un peu de matière grasse.

Idées d'accompagnement

Accompagnez ces soufflés d'une salade de pourpier ou d'une salade de pois chiches.

Soufflé aux courgettes et à la menthe

pour 4 personnes I préparation : **35 minutes** I cuisson : **40 minutes**
facile I raisonnable

- 3 courgettes
- 5 œufs
- 25 cl de lait frais entier
- 30 g de beurre + 15 g pour les moules
- 30 g de farine + 15 g pour les moules
- 3 brins de menthe
- Sel, poivre, noix muscade fraîchement râpée

Matériel :
- Four multifonction everLine® Siemens avec mode de cuisson « air pulsé 3D Plus »

1 Préchauffez le four à 190 °C (th. 6-7) en mode air pulsé 3D Plus (ou chaleur tournante si vous utilisez un autre four). Beurrez et farinez les moules à soufflé. Retirez l'excédent de farine en tapotant les moules à l'envers et gardez au réfrigérateur. Séparez les blancs des jaunes d'œufs. Éboutez les courgettes et coupez-les en deux dans le sens de la longueur. Grattez l'intérieur afin d'en retirer toutes les petites graines, puis coupez-les en fines lamelles. Dans une casserole, mettez les courgettes avec un fond d'eau, du sel et du poivre. Couvrez et laissez cuire pendant 10 min. Il faut que l'eau s'évapore et que vous puissiez écraser la chair à la fourchette. Passez ensuite au moulin à légumes muni d'une grille fine. Effeuillez et hachez la menthe.

2 Dans une casserole, faites fondre le beurre avec la farine et laissez cuire 1 à 2 min afin de faire légèrement dorer le roux. Laissez ce dernier refroidir en dehors du feu. Portez le lait à ébullition, puis versez-le sur le roux froid. Remettez le tout à cuire et portez à ébullition pendant 2 à 3 min afin de bien faire épaissir la sauce. Coupez le feu, assaisonnez de sel, de poivre et de muscade. Ajoutez la purée de courgettes. Terminez en mettant 2 jaunes d'œufs et la menthe.

3 À l'aide d'un batteur, montez les blancs en neige très ferme en y ajoutant dès le départ 1 pincée de sel.Terminez en ajoutant les jaunes d'œufs restants. Prélevez un quart de cette préparation et mélangez-la avec la béchamel. Mélangez ensuite délicatement béchamel et blanc d'œuf à l'aide d'une spatule.

4 Versez l'appareil à soufflé dans les moules jusqu'à une hauteur d'environ 1 cm du bord. Lissez bien la surface et enfournez pour 20 min de cuisson. Les soufflés doivent, bien sûr, gonfler mais aussi dorer. Servez aussitôt.

Soufflé aux brocolis et cottage cheese

pour 4 personnes I préparation : **35 minutes** I cuisson : **40 minutes**
facile I raisonnable

- **5 œufs**
- **1 tête de brocoli**
- **100 g de cottage cheese (à défaut, de la brousse ou du brocciu)**
- **25 cl de lait frais entier**
- **30 g de beurre + 15 g pour les moules**
- **30 g de farine + 15 g pour les moules**
- **Sel, poivre, noix muscade fraîchement râpée**

1 Préchauffez le four à 190 °C (th. 6-7). Beurrez et farinez les moules à soufflé. Retirez l'excédent de farine en tapotant les moules à l'envers et gardez au réfrigérateur. Séparez les blancs des jaunes d'œufs. À l'aide d'un couteau, coupez les bouquets du brocoli. Dans une casserole, mettez les brocolis avec un fond d'eau, du sel et du poivre. Couvrez et laissez cuire pendant 10 min. Il faut que l'eau s'évapore et que vous puissiez écraser la chair à la fourchette. Passez ensuite au moulin à légumes muni d'une grille fine avec le cottage cheese.

2 Dans une casserole, faites fondre le beurre avec la farine et laissez cuire 1 à 2 min afin de faire légèrement dorer le roux. Laissez ce dernier refroidir en dehors du feu. Portez le lait à ébullition, puis versez-le sur le roux froid. Remettez le tout à cuire et portez à ébullition pendant 2 à 3 min afin de bien faire épaissir la sauce. Coupez le feu, assaisonnez de sel, de poivre et de muscade. Ajoutez la purée de brocolis. Terminez en mettant 2 jaunes d'œufs.

3 À l'aide d'un batteur, montez les blancs en neige très ferme en y ajoutant dès le départ 1 pincée de sel. Terminez en ajoutant les jaunes d'œufs restants. Prélevez un quart de cette préparation et mélangez-la avec la béchamel. Mélangez ensuite délicatement béchamel et blanc d'œuf à l'aide d'une spatule.

4 Versez l'appareil à soufflé dans les moules jusqu'à une hauteur d'environ 1 cm du bord. Lissez bien la surface et enfournez pour 20 min de cuisson. Les soufflés doivent, bien sûr, gonfler mais aussi dorer. Sortez-les immédiatement et servez aussitôt.

Soufflé aux pommes de terre

pour 4 personnes | préparation : **35 minutes** | cuisson : **40 minutes**
facile | raisonnable

- **4 pommes de terre (environ 700 g)**
- **3 œufs**
- **25 cl de crème fraîche liquide entière**
- **15 g de beurre**
- **15 g de farine**
- **Sel, gros sel, poivre, noix muscade fraîchement râpée**

Matériel :

- **Four multifonction everLine® Siemens avec mode de cuisson « air pulsé 3D Plus »**

1 Préchauffez le four à 190 °C (th. 6-7) en mode air pulsé 3D Plus (ou chaleur tournante si vous utilisez un autre four). Mettez les pommes de terre dans une casserole puis couvrez d'eau froide et de gros sel. Portez à ébullition et laissez cuire environ 20 min. Retirez les pommes de terre de l'eau lorsque la pointe d'un couteau si enfonce sans résistance. Épluchez-les, puis passez-les au moulin à légumes muni d'une grille fine en y ajoutant la crème fraîche.

2 Séparez les blancs des jaunes d'œufs. Dans un saladier, mélangez les jaunes avec la purée de pommes de terre, du sel, du poivre et de la muscade. À l'aide d'un batteur, montez les blancs en neige très ferme. Mélangez-les délicatement avec la purée de pommes de terre.

3 Beurrez et farinez les moules à soufflé puis versez-y la préparation avant d'enfourner pour 20 min de cuisson. Servez aussitôt.

Conseil

Choisissez des pommes de terre de bonne qualité du type roseval, charlotte, amandine ou belle de Fontenay.

Idées d'accompagnement

Et pourquoi ne pas proposer ce soufflé en accompagnement d'un poulet rôti ou d'un rôti de bœuf, à la place de la purée ou du gratin traditionnels ?

Soufflé au potimarron et au comté

pour 4 personnes I préparation : **35 minutes** I cuisson : **50 minutes**
facile I raisonnable

- **5 œufs**
- **200 g de potimarron**
- **50 g de comté (au moins 12 mois d'affinage)**
- **25 cl de lait frais entier**
- **30 g de beurre + 15 g pour les moules**
- **30 g de farine + 15 g pour les moules**
- **Sel, poivre, noix muscade fraîchement râpée**

Matériel :
- **Four multifonction everLine® Siemens avec mode de cuisson « air pulsé 3D Plus »**

1 Préchauffez le four à 190 °C (th. 6-7) en mode air pulsé 3D Plus (ou chaleur tournante si vous utilisez un autre four). Beurrez et farinez les moules à soufflé. Retirez l'excédent de farine en tapotant les moules à l'envers et gardez au réfrigérateur. Râpez le fromage et séparez les blancs des jaunes d'œufs. Ouvrez le potimarron en deux et retirez-en les graines avant de le couper en cubes. Mettez-les dans une casserole avec un fond d'eau, du sel et du poivre. Couvrez et laissez cuire pendant 20 min. Il faut que l'eau s'évapore et que vous puissiez écraser la chair à la fourchette. Passez ensuite au moulin à légumes muni d'une grille fine.

2 Dans une casserole, faites fondre le beurre avec la farine et laissez cuire 1 à 2 min afin de faire légèrement dorer le roux. Laissez ce dernier refroidir en dehors du feu. Portez le lait à ébullition, puis versez-le sur le roux froid. Remettez le tout à cuire et portez à ébullition pendant 2 à 3 min afin de bien faire épaissir la sauce. Coupez le feu, assaisonnez de sel, de poivre et de muscade. Ajoutez le fromage et la purée de potimarron. Terminez en mettant 2 jaunes d'œufs.

3 À l'aide d'un batteur, montez les blancs d'œufs en neige très ferme en y ajoutant dès le départ 1 pincée de sel. Terminez en ajoutant les jaunes d'œufs restants. Prélevez un quart de cette préparation et mélangez-la avec la béchamel. Mélangez ensuite délicatement béchamel et blanc d'œuf à l'aide d'une spatule.

4 Versez l'appareil à soufflé dans les moules jusqu'à une hauteur d'environ 1 cm du bord. Lissez bien la surface et enfournez pour 20 min de cuisson. Les soufflés doivent, bien sûr, gonfler mais aussi dorer. Sortez-les immédiatement et servez aussitôt.

Soufflé aux carottes et au curry

pour 4 personnes I préparation : **35 minutes** I cuisson : **50 minutes**
facile I raisonnable

- **400 g de carottes**
- **5 œufs**
- **25 cl de lait frais entier**
- **30 g de beurre + 15 g pour les moules**
- **30 g de farine + 15 g pour les moules**
- **1 botte de coriandre fraîche**
- **1 cuil. à café de curry**
- **Sel, poivre**

1 Préchauffez le four à 190 °C (th. 6-7). Beurrez et farinez les moules à soufflé. Retirez l'excédent de farine en tapotant les moules à l'envers et gardez au réfrigérateur. Séparez les blancs des jaunes d'œufs. Épluchez les carottes et coupez-les en rondelles. Dans une casserole, mettez les carottes avec un fond d'eau, du sel et du poivre. Couvrez et laissez cuire pendant 20 min. Il faut que l'eau s'évapore et que vous puissiez écraser la chair à la fourchette. Passez ensuite au moulin à légumes muni d'une grille fine. Effeuillez la coriandre.

2 Dans une casserole, faites fondre le beurre avec la farine et laissez cuire 1 à 2 min afin de faire légèrement dorer le roux. Laissez ce dernier refroidir en dehors du feu. Portez le lait à ébullition, puis versez-le sur le roux froid. Remettez le tout à cuire et portez à ébullition pendant 2 à 3 min afin de bien faire épaissir la sauce. Coupez le feu, assaisonnez de sel, de poivre et de curry. Ajoutez la purée de carottes. Terminez en mettant 2 jaunes d'œufs.

3 À l'aide d'un batteur, montez les blancs en neige très ferme en y ajoutant dès le départ 1 pincée de sel. Terminez en ajoutant les jaunes d'œufs restants. Prélevez un quart de cette préparation et mélangez-la avec la béchamel. Mélangez ensuite délicatement béchamel et blanc d'œuf à l'aide d'une spatule.

4 Versez l'appareil à soufflé dans les moules jusqu'à une hauteur d'environ 1 cm du bord. Lissez bien la surface et enfournez pour 20 min de cuisson. Les soufflés doivent, bien sûr, gonfler mais aussi dorer. Servez aussitôt décoré de feuilles de coriandre.

Soufflé aux champignons

pour 4 personnes I préparation : **35 minutes** I cuisson : **40 minutes**
facile I raisonnable

- **250 g de champignons de Paris**
- **1 échalote**
- **5 œufs**
- **25 cl de lait frais entier**
- **2 cuil. à soupe de parmesan**
- **30 g de beurre + 15 g pour les moules**
- **30 g de farine + 15 g pour les moules**
- **2 cuil. à soupe d'huile d'olive**
- **Sel, poivre, noix muscade fraîchement râpée**

1 Préchauffez le four à 190 °C (th. 6-7). Beurrez et farinez les moules à soufflé. Retirez l'excédent de farine en tapotant les moules à l'envers et gardez au réfrigérateur. Séparez les blancs des jaunes d'œufs. Nettoyez et coupez le bout terreux des champignons. Passez-les rapidement sous l'eau puis coupez-les en quatre. Épluchez et hachez l'échalote. Dans une poêle, faites revenir ensemble l'échalote, l'huile d'olive et les champignons pendant 10 min. Passez ensuite les champignons au mixeur avec le parmesan.

2 Dans une casserole, faites fondre le beurre avec la farine et laissez cuire 1 à 2 min afin de faire légèrement dorer le roux. Laissez ce dernier refroidir en dehors du feu. Portez le lait à ébullition, puis versez-le sur le roux froid. Remettez le tout à cuire et portez à ébullition pendant 2 à 3 min afin de bien faire épaissir la sauce. Coupez le feu, assaisonnez de sel, de poivre et de muscade. Ajoutez la purée de champignons. Terminez en mettant 2 jaunes d'œufs.

3 À l'aide d'un batteur, montez les blancs en neige très ferme en y ajoutant dès le départ 1 pincée de sel. Terminez en ajoutant les jaunes d'œufs restants. Prélevez un quart de cette préparation et mélangez-la avec la béchamel. Mélangez ensuite délicatement béchamel et blanc d'œuf.

4 Versez l'appareil à soufflé dans les moules jusqu'à une hauteur d'environ 1 cm du bord. Lissez bien la surface et enfournez pour 20 min de cuisson. Les soufflés doivent gonfler mais aussi dorer. Sortez-les immédiatement et servez aussitôt.

Idées d'accompagnement

Accompagnez ces soufflés d'une salade de pissenlits dans laquelle vous ajouterez des lardons fumés grillés et des petits croûtons de pain.

Les soufflés sucrés et glacés

Le soufflé sucré de base

pour 4 personnes I préparation : **20 minutes** I cuisson : **30 minutes**
facile I peu cher

- **4 œufs**
- **25 cl de lait frais entier**
- **15 g de beurre**
- **25 g de farine**
- **60 g de sucre + 15 g pour les moules**
- **1 pincée de sel**

1 Commencez par beurrer généreusement et de façon uniforme les moules à soufflé. N'oubliez pas de bien beurrer aussi le pourtour supérieur. Sucrez ensuite l'intérieur des moules, puis retournez-les et tapotez le fond afin d'éliminer l'excédent de sucre. Gardez ensuite les moules au réfrigérateur. Préchauffez le four à 190 °C (th. 6-7).

2 Dans une casserole, mettez le lait à bouillir. Séparez les blancs des jaunes d'œufs. Dans un saladier, mélangez 2 jaunes d'œufs avec le sucre et fouettez vigoureusement afin de bien faire blanchir ce mélange. Ajoutez la farine tamisée et, sans cesser de fouetter, versez en un mince filet le lait chaud. Reversez le tout dans la casserole, puis portez à ébullition en remuant sans cesse. Laissez ensuite cuire pendant 1 à 2 min afin de faire bien épaissir la crème pâtissière.

3 Ajoutez la pincée de sel aux blancs d'œufs et montez-les en neige très ferme. Ajoutez à la fin les jaunes d'œufs restants. Fouettez encore quelques secondes et cessez immédiatement. Prélevez un quart des blancs et mélangez-les avec la crème pâtissière. Versez ensuite cette dernière dans les blancs et mélangez le tout délicatement à l'aide d'une spatule en bois. Versez l'appareil à soufflé dans les moules jusqu'à une hauteur d'environ 1 cm du bord. Lissez bien la surface et enfournez pour 20 min de cuisson. Les soufflés doivent, bien sûr, gonfler mais aussi dorer. Sortez-les immédiatement et servez aussitôt.

Soufflé au caramel

pour 4 personnes I préparation : **20 minutes** I cuisson : **30 minutes**
facile I peu cher

- **4 œufs**
- **2 gousses de vanille**
- **25 cl de lait frais entier**
- **15 g de beurre**
- **25 g de farine**
- **180 g de sucre + 15 g pour les moules**
- **1 pincée de sel**

Matériel :

- **Four multifonction everLine® Siemens avec mode de cuisson « air pulsé 3D Plus »**

1 Commencez par beurrer généreusement et de façon uniforme les moules à soufflé. Sucrez ensuite l'intérieur des moules, puis retournez-les et tapotez le fond afin d'éliminer l'excédent de sucre. Gardez ensuite les moules au réfrigérateur. Préchauffez le four à 190 °C (th. 6-7) en mode air pulsé 3D Plus (ou chaleur tournante si vous utilisez un autre four).

2 Coupez les gousses de vanille en deux dans le sens de la longueur. À l'aide d'une cuillère, grattez l'intérieur afin d'en retirer les graines. Dans une casserole, mettez le lait à bouillir avec la vanille. Dans une autre casserole, versez 120 g de sucre et mettez sur le feu afin de faire un caramel. Coupez le feu quand il a une belle couleur dorée et versez dessus le lait. Mélangez bien et portez à nouveau à ébullition afin que le caramel se mélange bien avec le lait. Séparez les blancs des jaunes d'œufs.

3 Dans un saladier, mélangez 2 jaunes d'œufs avec le reste de sucre et fouettez vigoureusement afin de bien faire blanchir ce mélange. Ajoutez la farine tamisée et, sans cesser de fouetter, versez en un mince filet le lait à la vanille et au caramel au travers d'un tamis. Reversez le tout dans la casserole, puis portez à ébullition en remuant sans cesse. Laissez ensuite cuire pendant 1 à 2 min afin de faire bien épaissir la crème pâtissière.

4 Ajoutez la pincée de sel aux blancs d'œufs et montez-les en neige très ferme. Ajoutez à la fin les jaunes d'œufs restants. Fouettez encore quelques secondes et cessez immédiatement. Prélevez un quart des blancs et mélangez-les avec la crème pâtissière. Versez ensuite cette dernière dans les blancs et mélangez le tout délicatement à l'aide d'une spatule en bois. Versez l'appareil à soufflé dans les moules jusqu'à une hauteur d'environ 1 cm du bord. Lissez bien la surface et enfournez pour 20 min de cuisson. Servez aussitôt.

Soufflé glacé au café

pour 4 personnes I préparation : **20 minutes** I cuisson : **5 minutes**
congélation : **4 heures** I facile I peu cher

- **2 cuil. à café de café soluble**
- **75 g de sucre de canne blanc**
- **25 cl de crème liquide entière**
- **3 œufs**
- **30 g de beurre**
- **1 pincée de sel**

1 Mélangez le café avec 5 cl d'eau tiède. Séparez les blancs des jaunes d'œufs. Fouettez les jaunes avec le sucre jusqu'à ce que le mélange blanchisse. Ajoutez alors le café. Fouettez la crème pour obtenir une crème Chantilly et ajoutez-la au mélange jaunes-sucre. Montez les blancs en neige très ferme avec la pincée de sel. Mélangez-les délicatement au reste de la préparation.

2 Découpez des feuilles de papier sulfurisé de 12 cm de haut sur 30 cm de long. Graissez-les avec le beurre et enroulez-les à l'intérieur des moules. Versez ensuite la mousse au café à hauteur des rouleaux de papier et Laissez reposer 4 h au congélateur. Lorsque le soufflé sera dur, ôtez le papier sulfurisé. Démoulez en plongeant le fond du moule quelques secondes dans de l'eau bouillante.

Conseil

Vous pouvez remplacer la moitié du café soluble par un expresso et ajouter, pourquoi pas, une dose d'amaretto ou de marsala à l'intérieur de la recette ou tout autour des soufflés lorsque vous les servez.

Soufflé au Nutella®

pour 4 personnes I préparation : **20 minutes** I cuisson : **30 minutes**
facile I peu cher

- **150 g de Nutella®**
- **3 œufs**
- **15 g de beurre**
- **15 g de sucre**
- **1 pincée de sel**

1 Commencez tout d'abord par beurrer généreusement et de façon uniforme les moules à soufflé. N'oubliez pas de bien beurrer aussi le pourtour supérieur. Sucrez ensuite l'intérieur des moules, puis retournez-les et tapotez le fond afin d'éliminer l'excédent de sucre. Gardez ensuite les moules au réfrigérateur. Préchauffez le four à 190 °C (th. 6-7).

2 Séparez les blancs des jaunes d'œufs. Mélangez les jaunes avec le Nutella®. Dans un saladier, montez les blancs en neige ferme avec le sel. Versez un tiers des blancs sur le Nutella® et homogénéisez vigoureusement. Mélangez ensuite délicatement les deux préparations.

3 Versez l'appareil à soufflé dans les moules jusqu'à une hauteur d'environ 1 cm du bord. Lissez bien la surface et enfournez pour 20 min de cuisson. Les soufflés doivent, bien sûr, gonfler mais aussi dorer. Sortez-les immédiatement et servez aussitôt.

Conseil

Pour faciliter la préparation, vous pouvez ajouter dès le départ dans le Nutella® un peu de lait pour le liquéfier. C'est, bien entendu, une recette que l'on peut aussi réaliser avec du chocolat guianduja.

Soufflé glacé au chocolat et au gingembre

pour 4 personnes I préparation : **20 minutes** I cuisson : **5 minutes**
congélation : **4 heures** I facile I peu cher

- **150 g de chocolat noir à 60 % de cacao minimum**
- **150 g de sucre**
- **10 cl de crème liquide entière**
- **2 cuil. à soupe de lait frais entier**
- **3 œufs**
- **15 g de beurre + 30 g pour les moules**
- **50 g de gingembre confit**
- **1 cuil. à café de gingembre en poudre**
- **1 pincée de sel**

1 Dans un bol, cassez le chocolat en petits morceaux. Dans une casserole, portez à ébullition la crème et le lait, et versez sur le chocolat. Remuez constamment jusqu'à ce que ce dernier ait complètement fondu. Incorporez alors le beurre, le gingembre en poudre et mélangez à nouveau. Coupez le gingembre confit en petits dés et mélangez-les avec le chocolat.

2 Séparez les blancs des jaunes d'œufs. À l'aide d'un batteur électrique, montez les blancs en neige avec la pincée de sel. Ensuite, ajoutez le sucre, puis les jaunes d'œufs. Battez encore quelques secondes. Prélevez un tiers des œufs et mélangez au chocolat. Incorporez ensuite le chocolat aux œufs et mélangez délicatement.

3 Découpez des feuilles de papier sulfurisé de 12 cm de haut sur 30 cm de long. Graissez-les avec le beurre et enroulez-les à l'intérieur des moules. Versez ensuite la mousse au chocolat à hauteur des rouleaux de papier et laissez reposer 4 h au congélateur. Lorsque le soufflé sera dur, ôtez le papier sulfurisé. Démoulez en plongeant le fond du moule quelques secondes dans de l'eau bouillante.

Conseil

Vous pouvez décorer les soufflés avec une pointe de gingembre frais râpé mais, dans ce cas, n'en mettez pas en poudre dans la recette. Servez ce soufflé avec du lait de coco chaud que vous aurez fait bouillir pendant 10 à 15 min afin de l'épaissir.

Soufflé à la vanille

pour 4 personnes | préparation : **20 minutes** | cuisson : **30 minutes**
facile | peu cher

- **4 œufs**
- **2 gousses de vanille**
- **25 cl de lait frais entier**
- **15 g de beurre**
- **25 g de farine**
- **60 g de sucre + 15 g pour les moules**
- **1 pincée de sel**

1 Commencez par beurrer généreusement et de façon uniforme les moules à soufflé. N'oubliez pas de bien beurrer aussi le pourtour supérieur. Sucrez ensuite l'intérieur des moules, puis retournez-les et tapotez le fond afin d'éliminer l'excédent de sucre. Gardez ensuite les moules au réfrigérateur. Préchauffez le four à 190 °C (th. 6-7).

2 Coupez les gousses de vanille en deux dans le sens de la longueur. À l'aide d'une cuillère, grattez l'intérieur afin d'en retirer les graines. Dans une casserole, mettez le lait à bouillir avec la vanille. Séparez les blancs des jaunes d'œufs.

3 Dans un saladier, mélangez 2 jaunes d'œufs avec le sucre et fouettez vigoureusement afin de bien faire blanchir ce mélange. Ajoutez la farine tamisée et, sans cesser de fouetter, versez en un mince filet le lait à la vanille au travers d'un tamis afin de récupérer les gousses. Reversez le tout dans la casserole, puis portez à ébullition en remuant sans cesse. Laissez ensuite cuire pendant 1 à 2 min afin de faire bien épaissir la crème pâtissière.

4 Ajoutez la pincée de sel aux blancs d'œufs et montez-les en neige très ferme. Ajoutez à la fin les jaunes d'œufs restants. Fouettez encore quelques secondes et cessez immédiatement. Prélevez un quart des blancs et mélangez-les avec la crème pâtissière. Versez ensuite cette dernière dans les blancs et mélangez le tout délicatement à l'aide d'une spatule en bois. Versez l'appareil à soufflé dans les moules jusqu'à une hauteur d'environ 1 cm du bord. Lissez bien la surface et enfournez pour 20 min de cuisson. Les soufflés doivent, bien sûr, gonfler mais aussi dorer. Servez aussitôt.

Soufflé glacé au chocolat passionné

pour 4 personnes I préparation : **20 minutes** I cuisson : **5 minutes**
congélation : **4 heures** I facile I peu cher

- **5 fruits de la Passion**
- **150 g de chocolat noir à 60 % de cacao minimum**
- **150 g de sucre**
- **3 œufs**
- **10 cl de crème fraîche liquide entière**
- **2 cuil. à soupe de lait frais entier**
- **15 g de beurre + 30 g pour les moules**

1 Dans un bol, cassez le chocolat en petits morceaux. Dans une casserole, portez à ébullition la crème et le lait, et versez sur le chocolat. Remuez constamment jusqu'à ce que ce dernier ait complètement fondu. Incorporez alors le beurre et mélangez à nouveau. Coupez les fruits de la Passion et videz-les de leur pulpe. Passez-la au moulin à légumes muni d'une grille fine. Versez-en la moitié dans la ganache.

2 Séparez les blancs des jaunes d'œufs. À l'aide d'un batteur électrique, montez les blancs en neige. Ensuite, ajoutez le sucre, puis les jaunes d'œufs. Battez encore quelques secondes. Prélevez un tiers des œufs et mélangez au chocolat. Incorporez ensuite le chocolat aux œufs et mélangez délicatement.

3 Découpez des feuilles de papier sulfurisé de 12 cm de haut sur 30 cm de long. Graissez-les avec le beurre et enroulez-les à l'intérieur des moules. Versez ensuite la mousse au chocolat à hauteur des rouleaux de papier et laissez reposer 4 h au congélateur. Lorsque le soufflé sera dur, ôtez le papier sulfurisé. Démoulez en plongeant le fond du moule quelques secondes dans de l'eau bouillante. Décorez avec le reste de graines de fruits de la Passion.

Conseil

Vous pouvez décorer ces soufflés de copeaux de chocolat.

Soufflé glacé aux abricots

pour 4 personnes I préparation : **20 minutes** I cuisson : **25 minutes**
congélation : **4 heures** I facile I peu cher

- **500 g d'abricots dénoyautés**
- **300 g de sucre**
- **25 cl de crème fraîche liquide entière**
- **3 blancs d'œufs**
- **20 g de beurre**
- **1 cuil. à soupe de fleurs de lavande bleue**
- **1 pincée de sel**

1 Dans une casserole, mettez 30 cl d'eau avec le sucre et portez à ébullition. Ajoutez les abricots dénoyautés dans la casserole. Portez à nouveau à ébullition et laissez cuire 10 min. Retirez les abricots de la casserole mais continuez à faire cuire le sirop de façon à le concentrer. Passez les abricots au moulin à légumes muni d'une grille fine. Laissez ensuite refroidir au réfrigérateur.

2 Montez la crème fraîche en chantilly et les blancs en neige très ferme avec la pincée de sel. Lorsque le sirop est épais, versez-le sur les blancs sans cesser de fouetter afin de faire une meringue italienne. Vous ne cesserez de fouetter que lorsque le mélange sera à température ambiante. La meringue est alors brillante et épaisse.

3 Mélangez la purée d'abricots à la chantilly, puis délicatement à la meringue. Découpez des feuilles de papier sulfurisé de 12 cm de haut sur 30 cm de long. Graissez-les avec le beurre et enroulez-les à l'intérieur des moules. Versez ensuite la mousse aux abricots à hauteur des rouleaux de papier et laissez reposer 4 h au congélateur. Lorsque le soufflé sera dur, ôtez le papier sulfurisé. Démoulez en plongeant le fond du moule quelques secondes dans de l'eau bouillante. Décorez alors le dessus avec 1 pincée de fleurs de lavande.

Conseil

Vous pouvez réaliser la même recette avec des pêches ou des brugnons. Par ailleurs, vous pouvez aussi décorer le soufflé avec des amandes effilées grillées. Accompagnez d'une crème anglaise.

Soufflé aux épices

pour 4 personnes I préparation : **20 minutes** I cuisson : **30 minutes**
facile I peu cher

- **4 œufs**
- **25 cl de lait frais entier**
- **15 g de beurre**
- **25 g de farine**
- **60 g de sucre + 15 g pour les moules**
- **1 cuil. à café d'épices à pain d'épice ou de cinq-épices**
- **2 cuil. à soupe de rhum blanc**
- **1 pincée de sel**

1 Commencez par beurrer généreusement et de façon uniforme les moules à soufflé. N'oubliez pas de bien beurrer aussi le pourtour supérieur. Sucrez ensuite l'intérieur des moules, puis retournez-les et tapotez le fond afin d'éliminer l'excédent de sucre. Gardez ensuite les moules au réfrigérateur. Préchauffez le four à 190 °C (th. 6-7).

2 Dans une casserole, mettez le lait à bouillir avec les épices. Séparez les blancs des jaunes d'œufs. Dans un saladier, mélangez 2 jaunes d'œufs avec le sucre et fouettez vigoureusement afin de bien faire blanchir ce mélange. Ajoutez la farine tamisée et, sans cesser de fouetter, versez en un mince filet le lait épicé. Reversez le tout dans la casserole, puis portez à ébullition en remuant sans cesse. Laissez ensuite cuire pendant 1 à 2 min afin de faire bien épaissir la crème pâtissière. Ajoutez le rhum.

3 Ajoutez la pincée de sel aux blancs d'œufs et montez-les en neige très ferme. Ajoutez à la fin les jaunes d'œufs restants. Fouettez encore quelques secondes et cessez immédiatement. Prélevez un quart des blancs et mélangez-les avec la crème pâtissière. Versez ensuite cette dernière dans les blancs et mélangez le tout délicatement à l'aide d'une spatule en bois. Versez l'appareil à soufflé dans les moules jusqu'à une hauteur d'environ 1 cm du bord. Lissez bien la surface et enfournez pour 20 min de cuisson. Les soufflés doivent, bien sûr, gonfler mais aussi dorer. Sortez-les immédiatement et servez aussitôt.

Conseil

Vous pouvez aussi utiliser un mélange d'épices indien appelé tchaï *et qui est très riche en cardamome. C'est un vrai délice.*

Soufflé aux macarons

pour 4 personnes I préparation : **20 minutes** I cuisson : **30 minutes**
facile I peu cher

- **Environ 20 coques de macarons au goût de votre choix**
- **4 œufs**
- **2 gousses de vanille**
- **25 cl de lait frais entier**
- **15 g de beurre**
- **25 g de farine**
- **60 g de sucre + 15 g pour les moules**
- **1 pincée de sel**

1 Commencez par beurrer généreusement et de façon uniforme les moules à soufflé. Sucrez ensuite l'intérieur des moules, puis retournez-les et tapotez le fond afin d'éliminer l'excédent de sucre. Répartissez les coques de macarons sur le pourtour intérieur des ramequins, côté arrondi vers l'extérieur. Gardez ensuite les moules au réfrigérateur. Préchauffez le four à 190 °C (th. 6-7).

2 Coupez les gousses de vanille en deux dans le sens de la longueur. À l'aide d'une cuillère, grattez l'intérieur afin d'en retirer les graines. Dans une casserole, mettez le lait à bouillir avec la vanille. Séparez les blancs des jaunes d'œufs.

3 Dans un saladier, mélangez 2 jaunes d'œufs avec le sucre et fouettez vigoureusement afin de bien faire blanchir ce mélange. Ajoutez la farine tamisée et, sans cesser de fouetter, versez en un mince filet le lait à la vanille au travers d'un tamis afin de récupérer les gousses. Reversez le tout dans la casserole, puis portez à ébullition en remuant sans cesse. Laissez ensuite cuire pendant 1 à 2 min afin de faire bien épaissir la crème pâtissière.

4 Ajoutez la pincée de sel aux blancs d'œufs et montez-les en neige très ferme. Ajoutez à la fin les jaunes d'œufs restants. Fouettez encore quelques secondes et cessez immédiatement. Prélevez un quart des blancs et mélangez-les avec la crème pâtissière. Versez ensuite cette dernière dans les blancs et mélangez le tout délicatement à l'aide d'une spatule en bois. Versez l'appareil à soufflé dans les moules jusqu'à une hauteur d'environ 1 cm du bord. Lissez bien la surface et enfournez pour 20 min de cuisson. Les soufflés doivent, bien sûr, gonfler mais aussi dorer. Servez aussitôt.

Conseil

Décorez les soufflés avec le fruit d'origine du macaron : du cacao, des framboises...

Soufflé au chocolat et glace vanille

pour 4 personnes I préparation : **20 minutes** I cuisson : **30 minutes**
facile I peu cher

- **100 g de chocolat noir**
- **3 œufs**
- **10 cl de crème fraîche liquide**
- **20 g de beurre + 15 g pour les moules**
- **15 g de sucre + 15 g pour les moules**
- **4 quenelles de glace à la vanille**
- **1 pincée de sel**

Matériel :
- **Four multifonction everLine® Siemens avec mode de cuisson « air pulsé 3D Plus »**

1 Commencez par beurrer généreusement et de façon uniforme les moules à soufflé. N'oubliez pas de bien beurrer aussi le pourtour supérieur. Sucrez ensuite l'intérieur des moules, puis retournez-les et tapotez le fond afin d'éliminer l'excédent de sucre. Gardez ensuite les moules au réfrigérateur. Préchauffez le four à 190 °C (th. 6-7) en mode air pulsé 3D Plus (ou chaleur tournante si vous utilisez un autre four).

2 Dans une casserole, portez la crème fraîche à ébullition, puis versez-la sur le chocolat que vous aurez cassé en petits morceaux. Laissez reposer 1 à 2 min avant de mélanger afin d'obtenir un chocolat fondu homogène. Ajoutez alors le beurre en tout petits morceaux.

3 Séparez les blancs des jaunes d'œufs. Montez les blancs en neige très ferme avec le sucre et le sel. À la dernière seconde, ajoutez les jaunes d'œufs. Versez un tiers des œufs sur le chocolat et homogénéisez. Mélangez ensuite le chocolat et le reste des œufs très délicatement.

4 Versez l'appareil à soufflé dans les moules jusqu'à une hauteur d'environ 1 cm du bord. Lissez bien la surface et enfournez pour 20 min de cuisson. Les soufflés doivent, bien sûr, gonfler mais aussi dorer. Sortez-les immédiatement et servez-les aussitôt en posant au sommet 1 quenelle de glace à la vanille.

Conseil

Choisissez, pour cette recette, un chocolat avec un minimum de 60 % de cacao. Par ailleurs, vous pouvez remplacer la glace simplement par un peu de sucre glace.

Soufflé glacé à la fraise

pour **4 personnes** I préparation : **20 minutes** I cuisson : **5 minutes**
congélation : **4 heures** I facile I peu cher

- **600 g de fraises mara des bois**
- **80 g de sucre semoule**
- **20 g de sucre glace**
- **20 cl de crème liquide entière**
- **4 feuilles de gélatine**
- **2 blancs d'œufs**
- **30 g de beurre**
- **1 pincée de sel**

1 Mettez les feuilles de gélatine dans un bol d'eau froide pour les ramollir. Nettoyez les fraises, retirez le pédoncule. Mettez-en une dizaine de côté pour la décoration finale. Passez le reste au mixeur avec le sucre semoule.

2 Préparez la mousse. Faites bouillir l'équivalent de 1 verre de coulis dans une casserole. Coupez le feu et ajoutez la gélatine essorée. Mélangez avec le reste du coulis et laissez refroidir. Pendant ce temps, versez dans un saladier la crème, le sucre glace et montez en chantilly à l'aide d'un batteur électrique. Quand la chantilly est bien épaisse, ajoutez le coulis et mélangez bien. Montez les blancs d'œufs en neige avec la pincée de sel et mélangez-les délicatement à la crème de fruits.

3 Découpez des feuilles de papier sulfurisé de 12 cm de haut sur 30 cm de long. Graissez-les avec le beurre et enroulez-les à l'intérieur des moules. Versez ensuite la mousse aux fraises à hauteur des rouleaux de papier et laissez reposer 4 h au congélateur. Lorsque le soufflé sera dur, ôtez le papier sulfurisé. Démoulez en plongeant le fond du moule quelques secondes dans de l'eau bouillante. Mettez sur le haut les fraises que vous avez gardées pour la décoration et servez aussitôt.

Conseil

Les fraises peuvent, bien sûr, être remplacées par des framboises, des mûres, du cassis, des myrtilles… Accompagnez ce dessert d'une salade de fraises ou d'un coulis de rhubarbe (faites cuire un peu de rhubarbe dans de l'eau et du sucre et mixez le tout).

Soufflé glacé aux marrons confits

pour 4 personnes I préparation : **20 minutes** I cuisson : **25 minutes**
congélation : **4 heures** I facile I peu cher

- 8 marrons glacés
- 150 g de crème de marrons
- 2 cuil. à soupe de whisky
- 10 cl de crème liquide entière
- 2 blancs d'œufs
- 2 feuilles de gélatine
- 10 g de sucre glace
- 30 g de beurre
- 1 pincée de sel

1 Faites tremper les feuilles de gélatine dans de l'eau froide. Faites chauffer un fond de casserole de crème fraîche, et ajoutez-y la gélatine essorée. Mélangez bien afin de la faire fondre et laissez refroidir. À l'aide d'un batteur, montez la crème restante en chantilly, ajoutez le sucre glace et la crème additionnée de gélatine. Terminez en versant la crème de marrons, le whisky et mélangez à nouveau.

2 Montez les blancs d'œufs en neige très ferme avec la pincée de sel et ajoutez-les à la crème en mélangeant délicatement. Découpez des feuilles de papier sulfurisé de 12 cm de haut sur 30 cm de long. Graissez-les avec le beurre et enroulez-les à l'intérieur des moules.

3 Versez ensuite la mousse aux marrons à hauteur des rouleaux de papier et laissez reposer 4 h au congélateur. Lorsque le soufflé sera dur, ôtez le papier sulfurisé. Démoulez en plongeant le fond du moule quelques secondes dans de l'eau bouillante. Décorez alors le dessus des soufflés avec les marrons glacés.

Conseil

Si vous êtes courageux, essayez donc des soufflés glacés chocolat-marron en mettant une couche de mousse aux marrons au-dessus d'une couche de mousse au chocolat. Par ailleurs, accompagnez cette recette d'une sauce au chocolat chaude (100 g de chocolat mélangé à 20 cl d'eau bouillante et de sucre).

Soufflé au fruit de la Passion, sauce chocolat au lait

pour 4 personnes I préparation : **20 minutes** I cuisson : **30 minutes**
facile I peu cher

- 3 fruits de la Passion
- 4 œufs
- 25 cl de lait frais entier
- 15 g de beurre
- 25 g de farine
- 60 g de sucre + 15 g pour les moules
- 1 pincée de sel

Sauce au chocolat :
- 100 g de chocolat au lait à 40 % de caco minimum
- 10 cl de lait entier
- 1 cuil. à soupe de sucre de canne

1 Commencez par beurrer généreusement et de façon uniforme les moules à soufflé. Sucrez ensuite l'intérieur des moules, puis retournez-les et tapotez le fond afin d'éliminer l'excédent de sucre. Gardez ensuite les moules au réfrigérateur. Préchauffez le four à 190 °C (th. 6-7).

2 Coupez les fruits de la Passion en deux, puis versez la pulpe dans un moulin à légumes muni d'une grille fine. Passez le tout. Dans une casserole, mettez le lait à bouillir. Séparez les blancs des jaunes d'œufs. Dans un saladier, mélangez 2 jaunes d'œufs avec le sucre et fouettez vigoureusement afin de bien faire blanchir ce mélange. Ajoutez la farine tamisée et, sans cesser de fouetter, versez en un mince filet le lait et le jus de fruit de la Passion. Reversez le tout dans la casserole, puis portez à ébullition en remuant sans cesse. Laissez ensuite cuire pendant 1 à 2 min afin de faire bien épaissir la crème pâtissière.

3 Ajoutez la pincée de sel aux blancs d'œufs et montez-les en neige très ferme. Ajoutez à la fin les jaunes d'œufs restants. Fouettez encore quelques secondes et cessez immédiatement. Prélevez un quart des blancs et mélangez-les avec la crème pâtissière. Versez ensuite cette dernière dans les blancs et mélangez le tout délicatement à l'aide d'une spatule en bois. Versez l'appareil à soufflé dans les moules et enfournez pour 20 min de cuisson. Servez aussitôt.

4 Dans une casserole, préparez la sauce en portant 10 cl d'eau et le lait à ébullition avec le sucre, puis ajoutez le chocolat et mélangez bien. Servez chaud ou froid, selon vos préférences.

Soufflé glacé au chocolat

pour 4 personnes I préparation : **20 minutes** I cuisson : **5 minutes**
congélation : **4 heures** I facile I peu cher

- **150 g de chocolat noir à 64 % de cacao minimum**
- **1 cuil. à soupe de cacao amer**
- **15 cl de crème entière liquide**
- **2 œufs**
- **30 g de beurre**
- **1 pincée de sel**

1 Coupez le chocolat en petits morceaux. Séparez les blancs des jaunes d'œufs. Portez à ébullition la crème et le cacao en poudre. Versez sur le chocolat et mélangez bien afin de lier le tout. Ajoutez les jaunes.

2 Montez les blancs d'œufs en neige très ferme avec la pincée de sel. Mélangez ensuite délicatement au chocolat. Découpez des feuilles de papier sulfurisé de 12 cm de haut sur 30 cm de long. Graissez-les avec le beurre et enroulez-les à l'intérieur des moules. Versez ensuite la mousse au chocolat à hauteur des rouleaux de papier et laissez reposer 4 h au congélateur. Lorsque le soufflé sera dur, ôtez le papier sulfurisé. Démoulez en plongeant le fond du moule quelques secondes dans de l'eau bouillante.

Conseil

Vous pouvez ajouter dans ces soufflés 1 pincée de Nescafé et de vanille pour corser le goût. Entourez les soufflés d'un café serré et mousseux.

Soufflé au Grand Marnier

pour 4 personnes I préparation : **20 minutes** I cuisson : **30 minutes**
facile I peu cher

- **4 œufs**
- **2 gousses de vanille**
- **25 cl de lait frais entier**
- **15 g de beurre**
- **25 g de farine**
- **60 g de sucre + 15 g pour les moules**
- **4 cl de Grand Marnier**
- **1 pincée de sel**

Matériel :

- **Four multifonction eveLine® Siemens avec mode de cuisson « air pulsé 3D Plus »**

1 Commencez par beurrer généreusement et de façon uniforme les moules à soufflé. N'oubliez pas de bien beurrer aussi le pourtour supérieur. Sucrez ensuite l'intérieur des moules, puis retournez-les et tapotez le fond afin d'éliminer l'excédent de sucre. Gardez ensuite les moules au réfrigérateur. Préchauffez le four à 190 °C (th. 6-7) en mode air pulsé 3D Plus (ou chaleur tournante si vous utilisez un autre four).

2 Coupez les gousses de vanille en deux dans le sens de la longueur. À l'aide d'une cuillère, grattez l'intérieur afin d'en retirer les graines. Dans une casserole, mettez le lait à bouillir avec la vanille. Séparez les blancs des jaunes d'œufs.

3 Dans un saladier, mélangez 2 jaunes d'œufs avec le sucre et fouettez vigoureusement afin de bien faire blanchir ce mélange. Ajoutez la farine tamisée et, sans cesser de fouetter, versez en un mince filet le lait à la vanille au travers d'un tamis afin de récupérer les gousses. Reversez le tout dans la casserole, puis portez à ébullition en remuant sans cesse. Laissez ensuite cuire pendant 1 à 2 min afin de faire bien épaissir la crème pâtissière. Coupez le feu et ajoutez le Grand Marnier.

4 Ajoutez la pincée de sel aux blancs d'œufs et montez-les en neige très ferme. Ajoutez à la fin les jaunes d'œufs restants. Fouettez encore quelques secondes et cessez immédiatement. Prélevez un quart des blancs et mélangez-les avec la crème pâtissière. Versez ensuite cette dernière dans les blancs et mélangez le tout délicatement à l'aide d'une spatule en bois. Versez l'appareil à soufflé dans les moules jusqu'à une hauteur d'environ 1 cm du bord. Lissez bien la surface et enfournez pour 20 min de cuisson. Les soufflés doivent, bien sûr, gonfler mais aussi dorer. Servez aussitôt.

Soufflé glacé au citron

pour 4 personnes | préparation : **20 minutes** | cuisson : **5 minutes**
congélation : **4 heures** | facile | peu cher

- **3 citrons non traités**
- **20 cl de crème fraîche liquide entière**
- **150 g de sucre de canne blanc**
- **3 feuilles de gélatine**
- **1 cuil. à soupe de Maïzena**
- **3 blancs d'œufs**
- **20 g de beurre**
- **1 pincée de sel**

1 Faites tremper les feuilles de gélatine dans de l'eau froide. Râpez la peau de 2 citrons et pressez leur jus. Coupez le dernier citron en rondelles.

2 Dans une casserole, mélangez le sucre avec la Maïzena et versez doucement, sans cesser de fouetter, 20 cl d'eau. Portez à ébullition, puis coupez le feu et ajoutez la gélatine essorée, le jus et le zeste de citron. Gardez au frais.

3 Montez successivement la crème fraîche en chantilly et les blancs d'œufs en neige avec la pincée de sel. Mélangez le sirop de citron avec la crème Chantilly et terminez avec les blancs d'œufs, mais délicatement.

4 Découpez des feuilles de papier sulfurisé de 12 cm de haut sur 30 cm de long. Graissez-les avec le beurre et enroulez-les à l'intérieur des moules. Versez ensuite la mousse au citron à hauteur des rouleaux de papier et laissez reposer 4 h au congélateur. Lorsque le soufflé sera dur, ôtez le papier sulfurisé. Démoulez en plongeant le fond du moule quelques secondes dans de l'eau bouillante. Décorez alors le dessus d'une rosace de rondelles de citron.

Conseil

Vous pouvez évidemment faire la même recette avec du citron vert, des oranges (n'en prenez que 2 et divisez aussi par deux la quantité de sucre) ou des pamplemousses (dans ce cas, ne prenez qu'un fruit). Accompagnez ce dessert de crème anglaise.

Soufflé noix de coco

pour 4 personnes I préparation : **20 minutes** I cuisson : **30 minutes**
facile I peu cher

- **4 œufs**
- **2 gousses de vanille**
- **100 g de noix de coco râpée**
- **35 cl de lait de coco**
- **15 g de beurre**
- **25 g de farine**
- **60 g de sucre + 15 g pour les moules**
- **1 pincée de sel**

1 Commencez par beurrer généreusement et de façon uniforme les moules à soufflé. Sucrez ensuite l'intérieur des moules, puis retournez-les et tapotez le fond afin d'éliminer l'excédent de sucre. Gardez ensuite les moules au réfrigérateur. Préchauffez le four à 190 °C (th. 6-7).

2 Coupez les gousses de vanille en deux dans le sens de la longueur. À l'aide d'une cuillère, grattez l'intérieur afin d'en retirer les graines. Dans une casserole, mettez le lait à bouillir avec la vanille et la noix de coco râpée pendant 10 min. Séparez les blancs des jaunes d'œufs.

3 Dans un saladier, mélangez 2 jaunes d'œufs avec le sucre et fouettez vigoureusement afin de bien faire blanchir ce mélange. Ajoutez la farine tamisée et, sans cesser de fouetter, versez en un mince filet le lait à la vanille au travers d'un tamis afin de récupérer les gousses de vanille et la noix de coco. Pressez bien afin de récupérer le maximum de jus. Reversez le tout dans la casserole, puis portez à ébullition en remuant sans cesse. Laissez ensuite cuire pendant 1 à 2 min afin de faire bien épaissir la crème pâtissière.

4 Ajoutez la pincée de sel aux blancs d'œufs et montez-les en neige très ferme. Ajoutez à la fin les jaunes d'œufs restants. Fouettez encore quelques secondes et cessez immédiatement. Prélevez un quart des blancs et mélangez-les avec la crème pâtissière. Versez ensuite cette dernière dans les blancs et mélangez le tout délicatement à l'aide d'une spatule en bois. Versez l'appareil à soufflé dans les moules jusqu'à une hauteur d'environ 1 cm du bord. Lissez bien la surface et enfournez pour 20 min de cuisson. Les soufflés doivent, bien sûr, gonfler mais aussi dorer. Servez aussitôt.

Soufflé glacé au fromage blanc

pour 4 personnes I préparation : **20 minutes** I cuisson : **5 minutes**
congélation : **4 heures** I facile I peu cher

- **200 g de fromage blanc entier**
- **1 citron vert**
- **3 feuilles de gélatine**
- **4 blancs d'œufs**
- **2 cuil. à soupe de cassonade**
- **6 cuil. à soupe de sirop d'érable**
- **20 g de beurre**
- **1 pincée de sel**

1 Faites tremper les feuilles de gélatine dans de l'eau froide. Râpez la peau du citron vert et pressez le jus.

2 Montez les blancs d'œufs en neige très ferme avec la pincée de sel. Dans une casserole, faites chauffer le jus de citron et le sirop d'érable, puis coupez le feu. Ajoutez les feuilles de gélatine essorées et mélangez bien afin de les faire fondre. Versez ce mélange dans le fromage blanc avant d'y ajouter les œufs en neige. Mélangez délicatement.

3 Découpez des feuilles de papier sulfurisé de 12 cm de haut sur 30 cm de long. Graissez-les avec le beurre et enroulez-les à l'intérieur des moules. Versez ensuite la mousse au fromage à hauteur des rouleaux de papier et laissez reposer 4 h au congélateur. Lorsque le soufflé sera dur, ôtez le papier sulfurisé. Démoulez en plongeant le fond du moule quelques secondes dans de l'eau bouillante. Terminez en saupoudrant un peu de cassonade et de zeste râpé.

Conseil

Vous pouvez alléger cette recette en utilisant un édulcorant et un fromage blanc allégé. Décorez l'assiette en entourant le soufflé de spéculoos concassés et de framboises fraîches.

Soufflé au citron vert et au rhum

pour 4 personnes I préparation : **20 minutes** I cuisson : **30 minutes**
facile I peu cher

- 4 œufs
- 2 gousses de vanille
- le zeste râpé et le jus de 1 citron vert
- 25 cl de lait frais entier
- 15 g de beurre
- 25 g de farine
- 60 g de sucre + 15 g pour les moules
- 4 cl de vieux rhum brun
- 4 biscuits à la cuiller
- 1 pincée de sel

1 Commencez par beurrer généreusement et de façon uniforme les moules à soufflé. Sucrez ensuite l'intérieur des moules, puis retournez-les et tapotez le fond afin d'éliminer l'excédent de sucre. Gardez ensuite les moules au réfrigérateur. Préchauffez le four à 190 °C (th. 6-7). Râpez le citron vert afin de récupérer le zeste et pressez le jus.

2 Coupez les gousses de vanille en deux dans le sens de la longueur. Grattez l'intérieur afin d'en retirer les graines. Dans une casserole, mettez le lait à bouillir avec la vanille. Séparez les blancs des jaunes d'œufs.

3 Dans un saladier, mélangez 2 jaunes d'œufs avec le sucre et fouettez vigoureusement afin de bien faire blanchir ce mélange. Ajoutez la farine tamisée et, sans cesser de fouetter, versez en un mince filet le lait à la vanille au travers d'un tamis. Reversez le tout dans la casserole, puis portez à ébullition en remuant sans cesse. Laissez ensuite cuire pendant 1 à 2 min afin de faire bien épaissir la crème pâtissière. Coupez le feu et ajoutez le zeste et le jus de citron.

4 Ajoutez la pincée de sel aux blancs d'œufs et montez-les en neige très ferme. Ajoutez à la fin les jaunes d'œufs restants. Fouettez encore quelques secondes et cessez immédiatement. Prélevez un quart des blancs et mélangez-les avec la crème pâtissière. Versez ensuite cette dernière dans les blancs et mélangez le tout délicatement.

5 Coupez les biscuits en deux et imbibez-les de rhum. Mettez un morceau de biscuit dans le fond des moules, couvrez d'un peu de pâte, puis mettez l'autre moitié du biscuit. Terminez par l'appareil à soufflé et enfournez pour 20 min de cuisson. Servez aussitôt.

Emmanuel Renault remercie Anne Vallet pour son soutien
et ses encouragements.

L'éditeur remercie Siemens pour le prêt de son four multifonction
everLine®, pyrolyse, HB76AA560F - inox (ce four existe aussi avec une
ouverture de porte latérale, HB76RA560F).
Découvrez toute la gamme de cuisson Siemens sur le site Internet :
www.siemens-home.fr

Pour l'éditeur, le principe est d'utiliser des papiers composés de fibres
naturelles, renouvelables, recyclables et fabriquées à partir de bois issus
de forêts qui adoptent un système d'aménagement durable.
En outre, l'éditeur attend de ses fournisseurs de papier qu'ils s'inscrivent
dans une démarche de certification environnementale reconnue.

Direction : Jean-François Moruzzi
Direction éditoriale : Pierre-Jean Furet
Édition : Anne Vallet
Conception intérieure et couverture : Nicole Dassonville
assistée de Salah Kherbouche
Réalisation intérieure : Bertrand Nicolle
Corrections : Mireille Touret
Fabrication : Amélie Latsch

Responsable partenariats : Sophie Morier, au 01 43 92 36 82

Dépôt légal : mai 2010
23-27-8113-01-5
978-2-0123-8113-1
Imprimé en Chine par Léo Paper

Yaourts
Un livre de 40 recettes

Vapeur
Un livre de 40 recettes

Petites crèmes craquantes
Un livre de 40 recettes

Apéritif
Un livre de 40 recettes
avec 4 ramequins
et leur plateau de service en céramique

Café gourmand
Un livre de 40 recettes
2 tasses et 2 soucoupes
de présentation

Soupes
Un livre de 40 recettes
SOUPE
SOUPE

Œufs
et coquetiers
Un livre de 40 recettes
avec 4 coquetiers